Tizas
Negras

José Toledo

Tizas
Negras

Liber Factory

© Obra: TIZAS NEGRAS

Primera edición: Octubre 2024

© Autor: JOSÉ TOLEDO

ISBN: 978-84-10040-93-9
Depósito Legal: M-23750-2024

© Editado por LIBER FACTORY www.liberfactory.com

Gestión, promoción y distribución: Grupo Editor Vision Net S.L.
C./ San Ildefonso 17, local, 28012 Madrid. España.
Tlf: 0034 91 3117696 // Email: pedidos@visionnet.es
www.visionnet-libros.com

Disponible en librerías físicas y online.

ÍNDICE

La rosa arenisca
Amad la piedra para darle vida
La escuadra
Mi amigo sordomudo
La palabra
Evidencia
Hace ya
Marmita de versos
Has crecido
Conocimiento místico
La Giralda
Te llamarán nostalgia
Por su aura le llaman Laura
Amsterdam

TIZAS PARDAS

El vertedero de Gehenna
Autismo
Sentimientos "boomerang"
Nos imaginaremos en cd-rom
Roca
A menudo
A la vida le pido
Mis derivaciones coronarias o "bypass"
In
Hoy el sol tenía una herida
"Fort….Da"
Pessoa y Kafka bajo el mismo sombrero
Reflexiones en el museo
No sé si vamos o volvemos
Gracias Espriu por prestarme tus musas
Amor sin palabras, dolor sin nombre

PRÓLOGO

Cuando Paúl Eluard dice: "hay que borrar el reflejo de la personalidad para que la inspiración brote del espejo", nos indica que existe una profundidad inaccesible donde nuestro propio reflejo penetra un ulterior espacio, vedado a nuestra personalidad , en la medida que ésta (nuestra personalidad) , desaparece, brota de esa superficie , de ese tope , de esa opacidad , la transparencia de la inspiración.

Tengo en mis manos el " borrador" del libro de poemas de José Toledo titulado " Tizas negras" , el primer poema está dedicado a otro poeta, José Agustín Goytisolo, digamos que José Toledo le acompaña en el último salto "cuando se le cayó el cuerpo a la calle" según se abre el poema y de algún modo también cuando se cierra, en el momento en que la tiza blanca siluetea el litoral de un continente donde estuvo la última posición de su cuerpo,

Hay lágrimas negras , así como tizas negras , en este íntimo y presentido diálogo con el otro poeta, José intuye , avizora, nos dice y sentencia: " sólo tu sombra llegó al pavimento". Ni la personalidad , ni la carne , impactaron con el suelo , sólo la sombra como reflejo , atravesó , la opacidad extrema del espejo devolviendo una inspiración que el poeta caza al vuelo del impacto.

De hecho, los muros existen, topamos con ellos , nos entizamos con ellos , nos grabamos y nos borramos sobre esas opacidades que nos reflejan y nos devuelven a nosotros mismos.

José Toledo nos invita a un itinerario sobre sus personales pizarras, sus imposibles, borraduras y la inspiración que sobrevuela por encima de todas sus caídas.

Hay hojas que descienden hacia la fragilidad de un mundo para-matemático, donde se suman angustias y se restan sentimientos, aquí el muro, el encerado esta barnizado con la lógica, el algoritmo , donde sólo llega la sombra de una racionalidad, de un funcionamiento mecanicista, que repite la salmodia, la cantinela de un sistema, un poder que alcanza a formar trazos y discursos a costa de la cordura emocional que resta enjaulada y apresada entre barrotes negros donde se aferran las manos de José niño . Barrotes que son tizas negras que tiznan las infancias tiranizadas por la dictadura. Aparecen las tizas negras donde no se atisba la libertad: "se empecinaban en que midiera/ los centímetros cúbicos de agua/ que cabían en una pecera".

Un mundo donde se castigaba de cara a la pared. Pared espejo que solo devolvía el reflejo de la opresión sin nada que mirar, sin nada que ver, pared del castigo que enmarcaba la propia realidad más íntima del deseo de un régimen "castigar para que no vean nada".

Muchos poemas transcurren por las calles, con el alma grafitera. Poeta que ve lo que la gente no ve, la insensibilidad oscura tiznada en el rumor de las calles , los despilfarros, los trozos de humanidad sobre el duro espejo del asfalto, los cuerpos de los auténticos caídos, sin inspiración, sin refugio cierto, fundidos en el magma , pulverizados "trozos de silencio" de hombres como nos dice "polvo y calle juntos", donde la tiza recoge el nombre de dedos desgajados , manos sin pertenencias y sin otras manos que los recojan. Miradas y ojos sin esperanza donde "el brillo de los ojos tizones/ se apaga con el dolor del mal". Ojos negros, tizas negras, cuando el brillo cae sobre el negro de los ojos se produce la mirada, la luz del rostro.

Habita en el corazón de estos poemas "un rostro" que, como entendía el filósofo Levinas, nos interroga y nos llama desde su infinita fragilidad a una inercia hacia una responsabilidad , hacia una irresistible deriva hacia el otro. Sólo la fragilidad es trascendente y rasga la dura opacidad del sinsentido real. Cuando adviene el rostro, se conmueve nuestra alma.

En estos poemas "el rostro", hace acto de presencia en medio de la enfermedad , en el Alzheimer , en medio del dolor , en el resplandor de la belleza, en los paisajes, en los sueños y viajes humanos, también sucede el rostro en el suelo herido por la tiza blanca que esconde los cuerpos, y es desde ese rostro que nos llama, donde vamos orientados a su encuentro para escribir tanto epifanías como epitafios es decir aperturas y cierres: ¿Cuántas veces muere uno en el alma/ antes de morir en el cuerpo?

En Tizas de colores , se sobrevuelan los paisajes. El alma por conexión con las tizas , se suma a la positividad y a la alegría. Se endereza la intención hacia lo bueno, el buen pensar, la buena forma. Dentro de esta peculiar alquimia que nos proponen estos poemas , encontraríamos el cobijo de la curación infinita y el hálito de la satisfacción: " el mármol rezuma vocación de galaxia". Y tanto es así que "no sangra la piedra herida" , porque entramos en otra faceta distinta del dolor , donde no quiere brotar ni salir , donde la sangre apaga su apetito de presencia , donde el dolor , la fatiga , la negatividad se embeben y se deja abducir a la dulce entrega del color " regresando al remanso de la rosa".

Llegamos al poema final dentro del apartado de Tizas Pardas... donde toda la carne, todas las vísceras, pesan y hablan como si estuvieran atravesadas por una especial resurrección. En el primer poema el cuerpo no llega al suelo, sólo la sombra alcanza el espejo , tras la caída. Ahora cierra el libro otra muerte, una muerte que cuenta en el tiempo como una manera de medir , lo que no podía ser medido en la infancia, un nuevo y orgánico sistema de incorporar aquello de lo que fuimos sustraídos, una elegante perrita collie, que enlaza lo humano con las demás vidas. Shasta era su nombre, un rostro que adviene desde el horizonte de la poesía a cerrar el enigma.

Toni Pons

TIZAS NEGRAS

Esta vez las palabras son para ti, no para Julia

Cuando se te cayó el cuerpo a la calle
sólo tu sombra llegó al pavimento,
tu alma había ya migrado en el tiempo,
al país de quién sabe donde.

Nunca te gustaron los disfraces,
siquiera el de hada madrina,
al poeta le llagan las verdades,
y al poder da vida la mentira.

Cuando se te cayó el cuerpo a la calle
te doliste del lado izquierdo,
ese costado que gangrena a tu gente,
lobito bueno de ayer, hoy triste rebaño.

Nunca te gustaron los disfraces,
ni los títeres, ni los ídolos de barro,
tu espíritu no estaba para veleidades
y tu muerte ha sido todo un despilfarro.

Balance a mitad del ejercicio
A mi madre.

De niño aprendí a sumar angustias,
a restar sentimientos,
a multiplicar vanas pasiones,
a dividirme por dentro.

A los conjuntos no llegué
porque en aquellos tiempos,
-del dictador me refiero-,
la asociación de personas
o la pertenencia a ideales
de igualdad y justicia,
eran perseguidos o disueltos.

En plena adolescencia,
yendo ya a la deriva,
me arrojaron las derivadas
funciones y ejes de abscisas;
cuando anhelaba un salvavidas
me inundaron angustias integrales
y un montón de leyes físicas.

Yo me hundía como el plomo
entre tanta letra incógnita x y z,
pues aunque el problema era yo mismo,
se empecinaban en que midiera
los centímetros cúbicos de agua
que cabían en una pecera.

Arana, engaño...

Arana engaño simulo
prevaricación estafa
embuste trola falsedad
chanchullo "toco mocho"
camelo bola cuento
fábula impostura
infundio invención
patraña superchería
falacia sofisma
andróminas embeleso
farsa trapisonda
comedia ficción.

¿Cuántos nombres
necesita la mentira
para ser pensada?,
a la verdad le basta
con ser amada.

Uranium "defeated"

El ser maligno,
el hombre empobrecido
construye su destrucción
de uranio empobrecido,
para asesinar con saña
a un pueblo empobrecido.

¿Quién le dio el pecho
a estos científicos ph neutro,
de sonrisa cáustica y mirada ácida,
del saber mercenarios a sueldo,
con ano impoluto y axila perfumada?

¿Cuántos protones de prepotencia
caben en un microscopio?
¿cuántos genes hacen acopio
del sufrimiento y la violencia?
¿Cuántos corazones laten a diario
con fisión fría en sus arterias?

Los abuelos mueren solos y angustiados
de pie cara a la pared,
como les castigaba el maestro
por descuidarse el plumier,
y amormados fuman porros sus nietos,
en un mundo que se va al carajo
mientras chatean por internet.

Mi calle

A mis hermanos Mayda y Eduardo.

Churro,
media manga,
mangotero.

Mis nada inocentes diez años
cosecha de los cincuenta
enfundados en pantalón corto.
Al caer sobre tu espalda
me he pellizcado un huevo,
las rodillas llevo desolladas
de rozarlas por el suelo.

Churro,
media manga,
mangotero.

La suela de mi zapato
es toda ella un agujero.
y nuestra forzada España calza
unos dos millones de pares
sin nadie dentro.

Churro,
media manga,
mangotero.

Soplé la noche látex de mi calle
pensándola como globo extraviado
entre la tierra y el cielo,
desde entonces sé a lo que sabe
el semen tanático de mi pueblo.

Churro,
media manga,
mangotero.

A ver si adivinas
qué se cuece en un alma
metida en este puchero.

La ciudad y su sombrero roto

Un trozo de hombre
tirado en la calle,
las calles caen, caen,
caen y no se levantan

    polvo

Un hombre trozo
polvo calle
tirado.
Abierta la mano
como una cloaca,
el hombre calle pide
un trozo de polvo

    polvo de hombre

un hombre trozo no habla,
polvo y calle juntos
le acompañan.
Un polvo hombre calla,
pela una naranja
y como las mondas,
los dedos se le abren como gajos.

El hombre trozo- calle- polvo duerme
mientras no llega la muerte
a barrerle.

MI YO, MI "SELF", MI MISMO MI
Homenaje a J.E. Cirlot

No destilo el rancio azufre de Cirlot
ni su lengua runa de fuego,
tampoco el verso preciso
y precioso de García Montero,
yo sólo puedo ser yo
aunque me empeñe en no serlo.

Admiro el ingenio de Quevedo,
el embrujo de Lorca, la sencillez
y humildad de Miguel Hernández,
la hondura de Whitman, Keats o Blake,
la nostalgia de Bécquer o Manrique,
pero sólo puedo ser José Toledo.

Disculpad la aparente arrogancia
de citarme junto a ellos, los grandes,
y que mencione escasos próceres
del Arte Mayor de la poesía,
pues surtidos son los que mi alma expanden
y aunque algunos cuiden más la métrica,
otros la brillantez del pensamiento
y a unos pocos las musas les dicten;
lo que realmente les hace entrañables
es haber transmutado el sentimiento
en un manual de filosofía viva,
y el sufrimiento, en amores interminables.

INVENTARIO

Heme aquí sólo en mi solio
hecho de conciso nácar narciso,
consternado por la disolución
irreversible de la Vía Láctea
en el agujero negro del café.

Pidiendo tiempo
cual entrenador de baloncesto
cuando la vida ya te muestra
que no hay ilusión donde esconderte
y anhelas la jugada maestra
de un jaque mate a la muerte.

No hay partida más perdida
que la vida, no hay infierno
más tierno que tu cuerpo,
no hay mayor ruina que el sexo,
ni mayor desgracia que no tenerlo.

La vida es una roja paradoja,
un misterio con entrañas,
sumergido en ella no te moja
y cuanto más pierdes más ganas.

DE PELAYO HASTA LA RAMBLA

Cada cual pasea sus adicciones
del brazo de su sombra eventual,
algo me dice que nada persiste
salvo la persistencia;
rastreo mi presencia en las micciones
de los perros y el olor de alquitrán
me sugiere que el amor aún existe
envuelto en cartón, quizá celofán.

Doblo el cuerpo hacia La Rambla,
Canaletas se desborda y me salpica,
cuantos más luceros brillan
más las mentes dormitan;
los colores descosen sus orillas
y el vacío interior se multiplica.
Ya nadie restriega los gargajos
ni apaga sus colillas,
ya nadie se roza y si te tocan,
te roban la plata y la sonrisa.

Me asomo a tus ojos
buscando la salida,
pero mi voz se declina
en lenguas más muertas
que vivas.

Se cansa uno de andar despacio,
se cansa uno de amar deprisa,
se cansa uno del amarillo topacio
y de quebrar tantas aristas.
Se cansa uno de cansarse,
mientras la ciudad sueña con ser aldea
para poder algún día acostarse.

TE FUISTE SIN DESPEDIRTE

A veces el tiempo
se desparrama todo
como las cuentas de un rosario
por las lágrimas de un niño.

De golpe ya no quedan oraciones
ni labios que las musiten,
ni cera en los panales,
ni viento en los arrecifes.

Y salen huyendo las catedrales
perseguidas por sus campanas,
y los bailarines confunden
la paciencia del Cascanueces
con la paz de La Bella Durmiente,
mientras eterna la noche
corrige sus partituras.

A veces el tiempo
se desparrama todo
y te pierdes en un bosque
sin nidos ni canciones,
subido a un tren que perdió el freno
y sueña un paisaje sin estaciones
cuando ya tus huesos son el pedernal
que encasta la vida contra el acero
y el brillo de los ojos tizones
se apaga con el dolor del mal,
se apaga con sabor a mar,
se apaga como un diminuto brasero
rebosando constelaciones.

A veces el tiempo
se desparrama todo
como el vino de una copa,
como el rocío en una hoja,
como un beso sin su boca.

Alzheimer
A mi nuevo padre, de los viejos tiempos.

¿En qué lugar de los ínferos
prendiste en mi tu belleza,
en qué cielo agita su estela
el cometa que me atraviesa
cuando tu piel con la mía tropieza?

¿Dónde arraiga el estremecimiento
que mi alma entera llena
de cráteres diminutos
y dulces cantos de sirena?
¿De dónde viene si el pensamiento
cuando acude a las entrañas
ya el dolor cerró la entrada?

Cuántas veces muere uno en el alma
antes de morir en el cuerpo,
cuántas veces el mar en calma
avanzó retrocediendo;
cuántos años a la muerte
la venimos desmintiendo.

¿Recuerdas padre
cuando escapabas por el ventanuco
para disfrazarte de noche noche?
Esos luceros entre luz mortuoria
saben ya de tu anticipado regreso
al verde crisol de los espejos,
al bosque azul de los reflejos;
y entienden debido a eso
tu desafección por la memoria
ahora que las palabras vibran sin onda,
ahora que tu mirada se perdió a lo lejos,
allá donde zarpó el último beso,
allá donde te vas sin pena ni gloria
pero sólo entran los corazones bellos.

Santuario del verso

Dadme un riachuelo
de agua no bendita
ni maldita, sólo agua,
y dadme una roca
junto a un bello algarrobo.
Con mis propias manos
horadaré una gruta
que será tu consuelo
y mi santuario eremita.

Dadme unos pies,
uva, tiempo y silencio
y la química os traerá el vino
y la inspiración los versos.

Dadme toda la droga
para que no me duela nada,
y yo crearé con ella
el relleno de mi almohada
y un castillo de arena mojada.

Prefiero ser adicto al mar,
o a ti que me amas, al poema,
a la montaña escarpada,
al verso que no te deja en paz,
al desasosiego de la falta
que una vez llena, se vuelve a vaciar.

Für INGEBORG BACHMANN

Te agarré por la solapa
de tus últimos poemas
cual un malquisto Frisch cilicio
que escupe semen sobre tu cara
por haber tirado la toalla,
por ser las lágrimas que otros lloran,
por ser la sangre de la nación herida,
por ser el violín que otros tocan.

No es que a la palabra
le falten capiteles
ni gruesas nervaduras
para sostener la cúpula
de una vida digna;
tampoco le sobran aristas
a tu alma hecha añicos,
es impensable beber tus ojos
sin cortarse los labios.

¡Cuánto tiempo malgastado,
cuántas vanas esperanzas!,
los ideales acabaron en la basura
reciclados por el miedo.

Ignoro Ingeborg si éter-na-mente
te bañas en tu mar de Bohemia;
deseo que llegue a tu lado
este telegrama urgente:
¡los poetas seguimos nadando
-stop- en la misma falacia
de siempre! –stop-

RERUM NATURA

Nacido inscrito,
adscripto, conscripto,
circunscrito,
envuelto en grito;
tal vez proscrito.

En brazos de luna
desde la cuna
y bautizado
en la miseria
más seria.

Bajado a los infiernos
más tiernos
de dos pechos
ya deshechos
en pupilas sin sueños.

Erguido sobre el suelo,
sin consuelo malherido
por pedirle al cielo algún sentido.

Europa vs Cronos

Sin salirme de los raíles, cual tranvía
que no puede torcer el renglón,
así me enseñaron caligrafía
entre clase y clase de religión.

Iba en el tren leyendo un día:
"La aprehensión de la belleza,
el papel del conflicto estético
en el desarrollo,
la violencia y el arte"
de Donald Meltzer.

Antes de llegar a mi parada,
se habrían apeado muchos hombres
en la estación de los Balcanes
de esta vetusta y cobarde Europa.

No pude dejar de pensar
que cada kilómetro que hago
una miaja de guerra pago,
el postrer aliento de un bosnio,
una costilla croata,
un viejo corazón yugoslavo,
y si me paro, ¡Dios mío!,
mi propia guerra hago.

TIZAS DE COLORES

Romance gramatical

Nuestro amor fue un paréntesis
en una circunstancial de modo,
tu idolatrabas las disyuntivas
y que te besase con las yemas del verbo,
mientras que yo, erre que erre
con las copulativas.

Colmabas mi corazón de infinitas diéresis
al tiempo que corría tu piel a ce cedillas
hasta detenerme en el punto g suspensivo.
Parecías cómoda vestida de pasiva refleja
y yo reparé en ello como algo sustantivo.

Un amanecer desnudaste el interrogante
pensándome en pretérito imperfecto
a lo que respondí con subido imperativo
en lugar de recurrir a algún determinante.

Nos redactamos extensamente
sin ningún punto y aparte
empleando la voz activa,
y como buenos latinos
todo eran dativos y ablativos.

Que aquello se fuera al traste
parecía gramaticalmente inevitable
cuando te decliné una preposición indecente,
y mucho conmigo te enojaste
porque dejaba de ser tu complemento directo
y te había llamado por tu nombre,
en vez de sintagma nominal
como haría un poeta actual.

¡Marchando!, que es gerundio,
exclamaste con odio mayúsculo
como punto final de tu análisis.
Yo me apegué a lo morfológico
y a la idea de que aquél trasunto
nos había causado un gran disgusto,
y que por quedar, nos quedamos
hasta sin taxis.

Bali

Un cielo de frágiles tractores
araba lo abrupto de un sueño
de espigas inalcanzables.

El arroz alzaba atalayas
bajo las ubres de un búfalo
y las cometas huían de las playas.

Las balinesas amaban sus pechos
con criaturas bañadas de cálido ungüento,
y en la volcánica arena de corales y helechos,
jugaban a hacer novillos con mi pensamiento.

Una noche quemaron sus muertos
para que la vida siga apasionada y serena,
y abonaron sus cenizas pequeños huertos
donde sólo engendra la pena en la arena.

La rosa arenisca

Quien otrora fueran sus carnes
religiosamente pesadas en oro,
no altera hoy su alma el fiel de la balanza
siquiera un grano de esta arena
de interminable amarillento.

Un mausoleo de piedra arenisca
melancólica amante de la lluvia,
alberga con delicado celo una rosa
que no puede perfumar sino un día.

Postrado. que no humillado, el dios Nilo,
bellísimo y esbelto joven nubio,
fecunda arteria de sangre africana,
atisba su cuerpo en el infinito
cuando sensual le abraza la mañana.

Y quizá de la otra orilla, Assuán,
recostado al sol sin ventanales,
borracho de increíbles atardeceres
sesteados con sueños de celofán.

Allí estaba Totó, del vecino Sudán,
frente a su universo de aromas,
su íntimo rincón de especias;
erguido con sonrisa flor de azafrán
y vivarachos ojos verde pimienta,
platicándome con voz canela
desde su profundo Corán.

Tomamos carcadé bien frío
y fumamos tabaco bañado en miel
entre el agua y los carboncillos;
todo era casual de ese lado del río,
las risas que te abrazaban sin prisa
y los abrazos que te reían sin querer.

Mientras alcanzaba la loma
de la mezquita cercana,
el muecín recitaba
versículos de Mahoma,
en una jornada
de solaz desgana.

Amad la piedra para darle vida

Cuando la piedra no sepa amar,
que muera la piedra,
cuando el hombre no pueda darle vida,
que muera el hombre.

La palabra guarda en la piedra
sus minaretes de silencio,
su escueta agonía de arruga,
la comprensión de la rama y el viento.

La piedra sueña con sombras diminutas,
con libaciones en honor del tiempo,
sueña porque no puede simular la fuerza
que le engendró el dios del fuego.

La roca destila utopías de cartón,
días blandos con horas dóciles
esculpidas por la mano de Titanes
con el cincel del vino y del amor.

Añora el futuro y reposa el alma
sobre un liviano manto de arcilla,
mientras el agua besa su mejilla
y las raíces tejen en calma.

No sangra la piedra herida
ni fantasea brazos de diva
la hermosa Venus de Milo
cuando matamos por poseerla.

El mármol rezuma vocación de galaxia
y una leve inclinación por Narciso,
donde se mira refleja una Historia
sin vencedores ni vencidos.

Cuando el hombre y la piedra
ya no se puedan amar,
la vida será entonces una profecía
dormida en el fondo del mar.

La escuadra

En
una
escuadra
caben tan sólo
unas pocas palabras,
los sentimientos   se escapan
por galerías mili………   métricas
donde únicamente es pura
la inter - intra   distancia.
En una escuadra tampoco cabe
la circunvolución elíptica del sueño
ni el guiño cuántico helicoidal del deseo.
En una escuadra se aman tres únicos puntos
que dan sentido edípico y divino al Universo.

Mi amigo sordomudo

Tiene el cielo del color de los ojos,
parece un paisaje sonriendo al horizonte,
es sordomudo y tiene nueve años,
es como un arco iris dormido en el monte.

No conversas ni me escuchas
pequeño lejano descalzo,
pero tu derrotada mirada
me expresa con el abrazo
lo vedado para tus labios;
tal vez por eso que no luchas
con las vanas estupideces
de quienes oímos y no escuchamos.

Tienes la parsimoniosa belleza
de una nube entregada al viento,
hay en tus manos un tropel de jumento
regresando al remanso de la rosa,
y es por eso que tanto te amo,
y es por eso que te regalo mis versos.

La palabra
A Belén Marzari.

La palabra es ausencia plena,
alma y luz del alma,
pictograma del sentimiento
alambicado en sonido
y vaciada la boca
del color y del gesto.

La palabra es una niña de arena
con zapatillas de aire y olas,
las nubes desvanecen
las voces de las niñas,
las caracolas esconden sus ecos;
ya las aguas se adentran, avanzan
y raptan sus huellas.

Las borran
¿y qué dejan?,
rastros de labios
besándose a la deriva.

Evidencia

Los pájaros nacen con el castigo
de tener que volar
para no tomar la tierra;
el hambre pesa en sus alas
y el vuelo no es goce
sino necesidad de picotear
en el reflejo de agua.

El hombre nace castigado a andar
porque   cayó del cielo,
y no tiene más remedio
que medrar en las tinieblas
de sus sueños.

Hace ya...
A Marta y Josep Franquet.

Hace ya un perro
que no nos vemos
y dieciséis otoños
de crisantemos.

Hace ya un gato
que me tienes en celo
y un oso en el abrazo
con dos mofetas en el pañuelo.

Hace ya una marmota
que soporto el invierno,
y un jilguero que me canta
mientras perdura,
la larga espera amor
de estrenar nuestra jaula.

Marmita de versos

Acepta mis disculpas
por haber trinchado el poema;
dispuse una bandeja de palabras,
cada cual con su aliño,
su pizca de sal, sus especias,
todo rehogado con cariño,
a fuego lento, el tiempo justo
para que la pena, al ser horneada,
se insufle de alegría
y claudique en caramelo
la parte amarga de la vida.

Pero en algunas ocasiones,
aun con todos los ingredientes,
uno tiene un mal día
y le tiemblan las manos
al deshojar la margarita,
o te quedas sin prados en la retina.

Dudas entonces si habrá agua suficiente
o una marmita lo bastante ancha;
te percatas de que los sentimientos
reunidos en asamblea, elevan acta
por los poemas aun pendientes
de su partida de nacimiento.

Disculpa amigo, repito,
si esta primavera,
en vez de una poesía
te traigo un desaguisado
de versos al pareado.

HAS CRECIDO

¿Puede una tierna sonrisa
llenar un frío lienzo
y sin haber apenas brisa
navegar ojos adentro?

¿Quiere un grácil gesto
agitar nuestras entrañas
y depositar el alma en un cesto
vaciado de campanas?

¿Quiere o puede,
puede o quiere?
Entre poder y querer
la niña se duerme
y un sueño le advierte
que ya se ha hecho mujer.

A la una, a las dos y a las tres!,
resulta muy complicado
dar a la comba del revés.

A la una, a las dos y a las tres!,
si pierdes el miedo a crecer
hay que saber renunciar, ya ves.

CONOCIMIENTO MÍSTICO
A Claudio Bermann, desde el claustrum.

Algo misterioso insondable
nos ha sido otorgado,
que sólo al sentimiento obedece;
algo que nos traspasa el alma
como rayo indeleble
y la carne estremece
al permitir, con mi soñarte,
esa turbulencia de emociones
que consentir contigo apetece
el compartir nuestros corazones;
y aun lejos estando de tocarte,
abrigo ya que nos hemos conocido.

LA GIRALDA

Por acariciarte se remozan los siglos
con arrojo propio de adolescente,
por amarte y prenderse de tus arcos
cual lirio con raíces en la muerte.

Sólo ellos comprenden tu tristeza,
acostumbrados como están de antaño
al flujo de los sentimientos del alma
y a los avatares de todo lo humano.

Quisieron verte sombra de catedral cristiana,
qué absurda esperanza, qué vano empeño,
no achicarían el poderío de tu estampa
ni diez catedrales fruncidas a tu ceño.

Guirnalda pura que afirmas el ocre
en los misteriosos ritos del azahar,
prendieron campanas de miedo y bronce
en tus atalayas del Islam.

La perfección de tu belleza
es la pura sencillez del llanto,
y sé que estás triste Giralda,
dolorosamente afligida y sola,
pues tu talle de valquiria mora
le dio a la luna la espalda.

TE LLAMARÁN NOSTALGIA

Los gallos siguen cantando
cada nueva madrugada
aunque ya no lo advirtamos,
y el amor sigue estando
agazapado en el alma
esperando ser despertado.

El mar sigue viniendo
a desayunar a tu terraza
haga sol o esté lloviendo,
y tus lágrimas se derraman
porque escaparon a la plaza
las palomas de tu casa.

Y nosotros seguimos latiendo
como el ir y venir de las olas,
de aquí para allá doliendo
por todas las cosas perdidas,
por lo que soñamos ser y no fuimos,
por las personas aun por llegar
y las que se acabaron yendo.

Pero el gallo sigue cantando
un año más en el corral,
le hagan caso o no los demás.

Por su aura se llaman Laura
A mi hija.

No sé hija mía
lo que has recibido
de mis genes sin yo quererlo,
pero sí queriendo,
íbamos de paseo
cuando soltaste mi mano
y corriste hacia la esquina
y la calle abierta;
tragué angustia saliva
y no te grité… ¡para!

Unos escasos segundos
en los que me lo jugué todo,
pero detuviste tus pasos
y me esperaste con el gozo
de la palma de tu mano tendida.

Supe entonces
que sabrías andar por la vida
sin rechazar esa voz
que algunas veces te frene,
pero, que no será la mía.

AMSTERDAM
A Carmen Ropero, mi mojina.

Las nubes pedalean cargadas de diques,
dudan si desplomarse o permanecer errantes,
el aire huele a mantequilla de tulipanes,
a pasteles de marihuana y diamantes.

Aunque los grajos vuelan en marcha nupcial,
tratan de olvidar las noches blancas
y la arrogancia de la aurora boreal,
siempre arropada por luminosas enaguas.

Los sauces tejen pañuelos con sus esporas
mientras los zapateros imitan a Jesucristo,
los malecones más antiguos dicen haber visto
como los sátiros cortejaban a las nereidas.

En Volendam los molinos esperan al viento
impasibles y cruzados de aspas,
no hay ya más dedos para persignarse
ni montañas para un triste calvario.

Si he de morir sin preaviso,
que sea por el barrio de Spuy,
en la sinagoga pida mi alma permiso
para quedarse allí hasta saber quién fui.

TIZAS PARDAS

El vertedero de Gehenna

Y Jehová nos trajo la madrugada
con todas sus luminosas
cascadas del alba,
y pintó el otoño de efímera muerte
dibujando labios en sus hojas
y constelaciones en el alma.

Y los pájaros prestaron sus alas
a nuestros sueños de libertad,
y escribimos con sus plumas
la historia de nuestra mezquindad.

¿A qué huele cuando arde la pena,
de qué color es la muerte
en el vertedero de Gehenna?

Autismo

Con mi yo mirada
te atravieso como una daga
lo   hace con el papel

cuento hasta seis

Una imagen no tiene interior
ni geografía precisa
tu universo placenta

cuento seis del revés

Si lengüeteo sobre tu piel
no puedo escucharte a la vez

escupo en tu regazo

Me retumba un avión en los labios
y cuento mis dedos con los pájaros

cierro los ojos y ya no existes

beso el agua y se me escapa
tal vez quien me pintó el cielo,
olvidó dar la segunda capa

Sentimientos boomerang

Porque también regresan
los abrazos que nunca distes,
y vuelven para pasar cuentas
cual retornan las blasfemias
a las lenguas que las vomitan,
y tiñen de negro el alma
en las ciénagas de la envidia.

Porque no vuelven como garzas
para anidarse a la vida
o alejarse del frío de la sospecha,
sino que regresan como frutas podridas,
como panales de hiel
o como nidos de víboras,
vacíos de besos y de caricias,
llenos del veneno de la desidia.

Porque el rencor es el primer *okupa*
en la casa de amor deshabitada.

Nos imaginaremos en cd-rom

Ya no sentiréis crepitar mis sentimientos
sobre la rugosa grama del papel,
ya no podréis asirme con esos dedos
más avezados en navegar por la red.

Ya no me guardaréis en ese bolsillo
donde se esconde el olor del olvido,
ya no habrá un brote de tomillo
en la hoja donde quedaste dormido.

¿Y los libros,
qué habrá sido
de sus lomos tan sufridos?,
¿Yacerán como reliquias
del lado oeste del Nilo?

Me leeréis a distancia,
en una escueta pantalla
donde el calor del verbo
brilla por su ausencia.

Me guardaréis en un pequeño disco,
cual música atrapada en el tiempo,
y habréis de pulsar consignas en inglés
para descodificar mi sufrimiento.

Disculpad que prefiera
los pórticos de las casas
que se abrazan al mar,
a sigilosamente entrar
por esas virtuales ventanas;
o que prefiera navegar
contra la pasión de las olas,
a ficticiamente surfear
por la *world wide web*.

No os sabrá mal ¿verdad?

Roca

Te tiento en mis manos como ave,
piedra arrugada y canosa,
espíritu húmedo y callado de las aceras,
perenne semilla de claustros y catedrales.
No podré dialogar contigo
sino de cosas elementales,
tan elementales como alguno de mis poemas;
detener con el gesto una gaviota,
por poner un ejemplo,
y fundiendo la vista en el cielo,
contar los golpes que a ambos
nos quedan por padecer.

Más tarde nos sentaremos junto al mar
y mimetizaremos con lapas y mejillones
hasta que oigamos balbucear a los peces
el sentido de nuestra amistad.

Sé que te gustaría romper nubes conmigo,
ser una cometa musical, o pétalos de rosa,
tal vez delicados élitros de mosca
o incluso, poemas incendiados.

No te alejes de mí, te lo ruego,
me afano en incorporar tu mudez,
quisiera callar con angustiadas palabras
hasta quedar afónico;
no te marches, por favor,
necesito tu aletargada experiencia,
tu inestimable sabiduría.

A menudo deseo no respirar como tú,
yacer tirado en cualquier esquina,
ignorando todo, ignorado,
ser el camino de la nada,
beber de la eternidad
hasta ser yo mismo tiempo.

Sin embargo no te envidio,
sé que viviré y he vivido
al igual que tu y desde siempre,
pero ocurre que en algún momento,
uno se cansa de ir de aquí para allá,
de moverse y ser movido;
entonces sueñas con ser ausencia
y vivir inopinadamente como la piedra,
en ser almohada de campanas
o los adoquines de una avenida,
o un dolmen en la Vía Láctea,
o una pirámide en el océano,
o quién sabe si incluso,
una canica en la mano de un niño.

A menudo

A menudo el grito
nace ya estrangulado
por la verdad umbilical
que ata vida y mundo.

A menudo el hombre calla
o habla a destiempo,
deshace el nudo en la garganta
o aplasta el puño contra el viento.

A menudo una elevada montaña
se antoja más sumisa que un valle,
en ocasiones el codiciado atajo engaña
y en plenilunio, el río semeja una calle.

A menudo un único dedo
puede más que cien,
quizá un solitario sueño
haga que me hierva la sien.

A la vida le pido

A la vida le pido
me devuelva la mirada
del niño que fui sido.

De la vida espero
una ventana al valle
y un balcón al cielo.

La mirada que perdí
me la devuelva
desasustada,
corregida,
aumentada,
desmentida
y algo más baladí.

Y lo que pido y espero,
como pertenece al futuro,
me escuece e impaciento
y me ungüento con anhelo.

Mis derivaciones coronarias o *"bypass"*

Tengo un dolor
itinerante
que deambula por el pecho
cual peregrino errante.

Sube hasta la nuez
y regresa al corazón
con taurina tozudez
e ignorando la razón.

Digo yo que no se trate
del síndrome del poeta,
siempre enfermo de realidad,
lleno de mala baba
y una pizca de chocolate.

IN

Cuando grabé tu nombre
en las dunas de mi frente,
creí ya por ello conocerte,
¡maldita fantasía omnipotente!
Conocer es siempre doloroso,
sabe a bálsamo veneno
cual relámpago luminoso
que acude anunciando el trueno.

Vivir dentro de tu lágrima
para ahogar el sufrimiento,
vivir dentro de la llama
para no quemarse con el fuego,
vivir dentro de tu alma
hasta la extinción del pensamiento.

Quisiera ser tu prefijo
para fusionarme contigo
y respirar como tres ambos
sin dejar de ser uno mismo;
que contenido como un hijo
me sientas a su vez marido
y caminemos libres los dos
de la mano del compromiso.

HOY EL SOL TENÍA UNA HERIDA

Sabemos que regresarás con el día,
con la vida tatuada en su mano invisible,
esa mano que todo lo da y todo lo quita
cuando te inscribe como Lucía
en un mundo de belleza increíble.

Apenas te alejaste de la estancia
de tu casa, del pueblo, de las eras,
del campo abierto, de los pájaros;
se desgastaron tus zapatillas y la infancia
se despidió de ti y ya no eras
sino la mamá de tus hermanos.

Las nubes dieron fe de tu "errancia"
cuando un huracán ávido de futuro
te arrancó de La Atalaya al norte
y cambiaste tristeza por constancia,
ahora que tus amigas no eran soporte
y tu alma se alimentaba de lo oscuro.

Perdiste la ilusión, perdiste peso,
perdiste tu papel en este cuento
en el que no hay seres felices
ni comen perdices y recibir un beso
se paga siempre con más sufrimiento.

Más tarde casarse, los hijos,
más lucha, más desgaste,
calarse de dolor hasta los huesos,
echarse años de cuatro inviernos,
callar por no ofender ni disgustarse.

Silencio, mucho angustioso silencio,
pero cuando regreses estimada Lucía,
se quedarán las rosas sin aliento.

"Fort......Da"
Homenaje al niño del carretel, nieto de Sigmund Freud

Los columpios dejan caer sus brazos
agotados del esfuerzo
por no hundirse en la arena,
y sueñan con salir corriendo
tras la espuma y las risas de los niños,
abstraídos en sus juegos, siempre perversos.

Pesa mucho el manto del invierno
cargado de lentejuelas de hielo
desde que Cronos decretó cadena perpetua
para sus huellas sobre el hierro;
apenas el tren perturba su soledad,
hecha de viento y la mar de silencio.

Para que el columpio avance "Fort"
y regrese "Da", el cuerpo del muchacho
debe permanecer muy quieto
y la ausencia de la madre,
poner la fantasía en movimiento.

Juego a que mamá
se va y regresa,
mientras me columpio
con miedo a perderla.

El invierno es el taxidermista del tiempo,
torna en crisálidas la sangre
y viste la playa de desierto,
paso con el tren y me contemplo
a mí mismo guardando turno
tras el niño del carretel.

Juego a que mamá
se va y no vuelve,
mientras me balanceo
en el regazo de la muerte.

PESSOA Y KAFKA BAJO EL MISMO SOMBRERO
A Javier de Juan.

Pessoa pasea junto al mar
mientras zambiano zampa bazofia
justo donde las olas se desbaratan
en pompas de aire prisionero y sal.

El poeta sucumbe ante su belleza
y el africano en su hambre alucina
que es Moisés en un cayuco de corteza
de   cerdo que él mismo cocina.

La resaca nos trae de Kafka
los restos del naufragio
de su metamorfosis soñada
con fina verdad y gruesa tapa.

Llegan vestigios de dolor a la deriva,
todo el daño infringido, la crueldad
derrochada sobre la carne y el alma,
inmensos cascotes de besos
que no encontraron destino;
botellas sin mensajes,
templos vacíos de dioses,
alaridos sin esperanza.
Es demasiado tarde
para reparar lo abyecto,
quizá demasiado pronto
para hallar un espíritu con brillo,
Javier Pessoa Kafka lo sabe,
lo sabe porque duele la espera;
y entre tanto devaneo medita
si se pone el mundo por montera
antes que se apague el cigarrillo.

Reflexiones en el museo

Todo lo que es arte verdadero
no se traduce en movimiento,
la quietud piedra y el silencio pintado,
son gruesas nervaduras
que sostienen el misterio
de la vida y sus secretos.

El caos fue el origen de la mente,
la necesidad de representarse la luz,
sus sombras, los colores
y la expansión de las emociones;
para relacionar todo esto
es que surgió el pensamiento.

Pero la inspiración y el amor
nunca están quietos,
son las penas del arte,
buscando un pecho.

NO SÉ SI VAMOS O VOLVEMOS

Fue en el brillo de tus ojos
que descubrí la inocencia aun viva.
Me vi a mi mismo naufragando
en el agitado mar de los sentimientos,
como un rastro de nube a la deriva.

Y deseé viajar escondido en tus lágrimas
mar adentro, con la mirada
absorta sobre esas inmensas llamas
que tus dedos hacen brotar de la nada.

Y perdimos las mismas batallas
con uniformes que no nos gustaban,
y escalamos las mismas montañas
con la bandera del alma destrozada.

Para nosotros no hubieron desfiles
con laureles que te besan las sienes,
ni suspiros de acordeón
cuando ya no sabes si vas o vienes;
y aquí estoy con mi asustado corazón,
retirado para siempre en los cuarteles.

Gracias Espriu por prestarme tus musas
A Salvador Espriu.

Arenys de Mar se entrona Vila
con vocación de fauno artista,
se inspira de lo que respira
con el ceño fruncido en arena
y una mano al mar tendida,
mientras la otra acaricia la montaña
y medita con la vista perdida.

Dicen que los amores no se prestan
porque se mueven por rutas
que crearon su propio astrolabio,
su irrepetible compás
y un exclusivo transportador de ángulos
para que las lágrimas desafíen
la ley de la gravedad,
y caigan de la tierra al cielo
como el cementerio de Sinera,
desposado al silencio
y al dolor sonoro del poeta.

Dicen que eres todo riera,
que los de la cuesta arriba
diluvian sus tentáculos
para apoderarse de las playas;
y tú permaneces indiferente
como los raíles de los trenes,
nada amigos de la herrumbre,
pero que comparten el peso
y el desgaste de la muerte.

Dicen que los amores no se prestan
porque jamás pierden del todo el olor,
pero a mi las musas me secuestran
como hicieron con Salvador.

AMOR SIN PALABRAS, DOLOR SIN NOMBRE

Aquí pesan sus huesos,
lo único que en ella no fue ligero,
las orejas besando el horizonte,
el hocico elevado al cielo.
Cuando le faltó el aire en la ciudad
se vino a reposar al monte,
pasea por los prados de Piedrafita
y de noche le mueve la cola a los cometas
de puro contenta, no habrá otra perrita igual,
la recordaremos siempre como Shastita
y vive Dios que se llevó muchos corazones,
acurrucados en sus patitas.